# 最低賃金

## 生活保障の基盤

JN214724

日本弁護士連合会貧困問題対策本部 編



岩波ブックレット No. 1012

# はじめに

二〇〇八年のリーマン・ショックのあと、東京の日比谷公園に突如として〈年越し派遣村〉が出現し、日本中が衝撃を受けました。それまで日本社会の表面では、貧困など「ない」とされていたからです。ところが実際は、若者を含む多くの人々が住居や仕事を失い、その日の食べ物にも困っている、そんな姿がマスコミに映し出され、隠れていた貧困が浮き彫りにされたのです。

ちょうどそのころ、日本弁護士連合会に現在の「貧困問題対策本部」の前身である「貧困と人権に関する委員会」が立ち上がりました。労働問題に取り組んでいる弁護士、生活保護問題に詳しい弁護士、クレサラなどの多重債務問題に取り組んでいる弁護士などが委員会内に、「ワーキングプア部会」を結成。それぞれの持ち場から連携をとりつつ、貧困問題に取り組む運動がスタートしたのです。

貧困問題を解決するためには、「社会保障の充実」や「労働条件の改善」など、多方面の角度からの対策が必要です。中でも最低賃金のテーマは、貧困対策に重要なカギを握っています。日本の最低賃金は、実は、国際的に見ても非常に低く、国連の勧告でも懸念を示されるような水準であることを、ご存知でしょうか。

雇用の不安定化に加え、リストラや倒産によって非正規労働者が増加し、国内では格差の拡大がいっそう進んでいます。

たとえ今、正社員として経済的に不自由しない生活を送っている人でも安心はできません。ちょっとしたきっかけで安定した職を失い、最低賃金近傍(最低賃金に近い水準)の収入で暮らさなくてはいけなくなる可能性は誰にでもあるからです。最低賃金制度は日本で働く人の賃金を底支えする重要な役割を果たすことが期待されており、最低賃金が低いままでは全体の賃金も上がりません。最低賃金は、働くすべての人の問題だと言えます。

たとえばお隣の韓国では、かつて最低賃金が非常に低く、格差拡大に拍車をかける要因となっていました。しかし市民意識の高まりにより、ここ数年で状況が変化し、大幅な最低賃金の引き上げが実現しています。

日本でも誰もが安定した生活を送り、貧困問題を解決するためには、少なくとも「最低賃金でフルタイム働けばそれだけで暮らせる」賃金水準にすることが急務です。最低賃金は働く人が安心して暮らしていくための大切なセーフティネットです。

最低賃金の額は誰がどのように決めるのか、最低賃金以下で働かされるとどうなるのかなど、意外に制度の仕組みが知られていないのが現状です。

このブックレットをきっかけに、みなさんにも一緒に最低賃金について考えていただければと思います。

日本弁護士連合会会長
菊地裕太郎

# I　最低賃金というセーフティネット

## すべての人に適用される最低賃金法

日本には最低賃金法という法律があり、賃金の最低額が保障されています。その金額は全国一律ではありません。毎年一〇月に「地域別最低賃金」によって都道府県ごとに最低賃金が定められています。二〇一九年度における地域別最低賃金の時給額は、最高が東京都の一〇一三円。もっとも低いのが青森、岩手、秋田、山形、鳥取、島根、愛媛、高知、佐賀、長崎、熊本、大分、宮崎、鹿児島、沖縄、各一五県の七九〇円でした。

最低賃金法により、使用者は雇用した労働者に対して、決められた最低賃金以上の賃金を支払わなければなりません。違反した使用者は五〇万円以下の罰金に処せられます。労使が合意して最低賃金に満たない契約をしても無効となり、最低賃金の契約として扱われます。

この法律は、正社員、契約社員、派遣社員、パート、アルバイト等の雇用形態や呼称にかかわらず、また国籍を問わず適用されています。つまり最低賃金制度は、日本で働いているすべての人に最低限の生活を保障するためのセーフティネットなのです。

## もし最低賃金という仕組みがなかったら?

では、もしも最低賃金制度がなかったら、どうなるのでしょうか。

たとえば今、東京の最低賃金は一〇一三円となっています。しかし、中にはもしかすると「自分は八〇〇円で働いてもかまわない」と考える人がいるかもしれません。最低賃金制度がなければ、そうした人が優先的に雇われるようになってしまうことは想像に難くありません。結果として、どんどん賃金の相場は下がってしまうでしょう。

そもそも使用者と労働者の力関係を比べると、圧倒的に使用者側が強いのは説明するまでもありません。そこに何も法律的な介入がなければ、賃金は使用者に有利な方向へと限りなく下がっていく可能性があります。

企業間で不公正な賃金の買い叩き競争が起こると、極端な低賃金で働く労働者が増えていきます。その結果として、生存権侵害などの人権問題が起きるだけでなく、健全な経済活動が阻害され、社会全体の活力も損なわれるでしょう。それを防ぐために、法律によって「労働者をこれ以下の賃金で働かせてはいけない」というラインを決めることになったのです。

**最低賃金法ができた背景**

第二次世界大戦以前は、日本に最低賃金制度はありませんでした。戦後になり初めて、労働基準法の中に最低賃金に関する四条が設けられます。しかしそこには「政府が必要と認めるときのみに限る」という条項が入っており、実質的にこの法律は一度も発動されませんでした。

本格的に最低賃金制度が導入されたのは一九五九年。ときは高度経済成長期の前半、「岩戸景気」の真っただ中です。同年には黒部トンネルが開通。ＮＨＫ教育テレビ、日本教育テレビ（現・テレビ朝日）、フジテレビなどの放送局も相次いで開局しています。また国民年金法の発足や、第一八回オリンピックの開催地が東京に決定されたのもこの年でした。一方で三池争議や水俣病問題なども起きて、社会を騒然とさせています。

一九五〇年の朝鮮特需を経て、五五年から七三年までの一八年間、日本は年平均で一〇％以上の経済成長を遂げてきました。それを陰で支えたのが、〈金の卵〉と呼ばれた中卒の労働者など、低廉な賃金で働く人々の存在です。

中には劣悪な労働環境や労働条件に心身を消耗させながらも、生活を維持するためには低い賃金で契約せざるを得ないケースもたくさんありました。そこで、低賃金、長時間労働、不衛生な職場状態の苦汁労働を防止する観点から、最低賃金制度が必要とされたのです。

## 憲法と法律で定められる最低賃金の理念

最低賃金法の第一条に、

「この法律は、賃金の低廉な労働者について、賃金の最低額を保障することにより、労働条件の改善を図り、もつて、労働者の生活の安定、労働力の質的向上及び事業の公正な競争の確保に資するとともに、国民経済の健全な発展に寄与することを目的とする」

と、定められています。

賃金は本来、労働者と使用者の交渉と合意による労働契約で決まります。これは近代市民法の大原則である「契約自由の原則」と呼ばれるものです。

しかし同時に、憲法第二五条では「すべて国民は、健康で文化的な最低限度の生活を営む権利を有する」「国は、すべての生活部面について、社会福祉、社会保障及び公衆衛生の向上及び増進に努めなければならない」と、定められています。つまり最低賃金制度は、憲法第二五条の生存権を根拠として契約自由の原則に修正を加えているのです。

また憲法第二七条二項では「賃金、就業時間、休息その他の勤労条件に関する基準は、法律でこれを定める」として、使用者に対して弱い立場にある労働者を保護する立法を国に命じています。

日本の最低賃金制度は最初、業者間の協定方式として設定されました。しかしそれでは強制力が弱く、実効性がみられなかったことから、何度か修正されて現在の形へと至っています。

## 国際的にみると低い日本の最低賃金

二〇一五年時点でＩＬＯ（国際労働機関）に所属している一八六カ国のうち、一七一カ国が何らかの形で最低賃金制度を導入しています。

最低賃金の定め方は国によってちがいますが、先進諸国の中で比較すると、日本の最低賃金は非常に低い水準です。

ＯＥＣＤ（経済協力開発機構）の統計データによると「フルタイム労働者の賃金（中央値）を一〇〇とした場合の最低賃金の割合」の国際比率で、日本は四〇％と、最低に近いランクです。ちなみにフランスは六二%、オーストラリア、ベルギー、イギリス、ドイツ、オランダなどヨーロッパ諸国や韓国はいずれも五〇%前後となっています。

金額にすると、これらの国では一時間あたり最低賃金が一〇〇〇円を超しているのに対し、日本では二〇一八年度の地域別最低賃金は全国加重平均で時給八七四円です。

この金額では、たとえフルタイムで月に一七三時間働いても、月収は約一五万一〇〇〇円にしかなりません。ここからさらに社会保険料や税金が控除されるので、実際の手取り金額はもっと少なくなってしまいます。この最低賃金の収入だけで生活を維持することは非常に難しく、病気やケガ、あるいは老後などに備えて貯蓄することもままなりません。

国連の勧告でも、日本の最低賃金については、その平均水準の低さに対する懸念が示されています(二〇一三年五月採択　社会権規約委員会「日本の第三回定期報告に関する総括所見」)。

## 「家計補助」的なパートタイム制度

なぜ日本の最低賃金はこのように低いのでしょうか。それは、戦後日本の社会システムや夫婦の役割分業と密接に関係しています。

日本では長らく、『サザエさん』や『ちびまる子ちゃん』のような大家族が典型世帯として描かれてきました。経済的に一家の支柱となる男性が外で正社員として働き、妻子や老親を養う。妻は無償で家事、育児、介護など家庭内労働に従事するというモデルです。

都市部への人口集中が加速するにつれて核家族化は進みましたが、「男性稼ぎ主」型の標準世帯を社会の中心単位として位置付ける点は変わりませんでした。

八〇年代ごろになると教育費や住宅価格などが高騰し、世帯主である男性の賃金だけでは家計費が不足するケースも増えてきました。そうした背景の中で「正社員の夫」と「パートタイマーとして家計を補助する妻」が社会的にひとつのセットと見做されるようになります。それに応じた形で、税金や社会保障などの制度も整備されていきました。その結果、妻は被扶養者として「医療、年金、税制などの一定の優遇」と引き換えに、労働者としては「家計補助」基準の低額なパート賃金に固定されることになったのです。

## 特殊な日本のパートタイム制度

賃金額だけでなく、日本型のパートタイム制度は世界から見て特殊な形態をしています。たとえば欧米のパートタイム労働者は、単に所定労働時間よりも短い時間で働いている労働者を指します。ところが日本の場合は時間が短いだけでなく、雇用に関する保障が正社員のように整備されておらず、臨時職と同じようなカテゴリーに入っているのです。

また約三割のパートタイム労働者はフルタイム労働者(正社員)と同じ労働時間を働いており、これらの労働者は「疑似パート」と呼ばれます。日本におけるパートタイムは使用者側にとっていつでも簡単に解雇できる、一種の雇用の調整弁的な役割をもっており、欧米のようにキャリアからキャリアへの懸け橋とはなっていないのが実情です。

このように、正社員の男性を中心とした日本型雇用システムのもとで、主婦のパートタイムや学生アルバイトなどの非正規雇用は長らく「家計補助」の枠に押し込められてきました。そのために最低賃金の低さが深刻な問題としてなかなか社会的に認識されず、低賃金のままに見過ごされてきたのです。

## 「非正規雇用」の誕生

「正規雇用」「非正規雇用」という用語が政府統計で初めて登場したのは、一九八一年に実施された「労働力調査特別調査」(総理府統計局)でした。この中で「正規従業員」「パートタイマー」「アルバイト」「その他の臨時的従業員」の四区分が初めて導入されています。

日本における正規労働者とは、「特定の企業にフルタイムで働き」「正社員または正規労働者という呼称で呼ばれ」「期間の定めのない労働契約を会社と結び」「働いている企業に直接雇用されている」という条件を満たした労働者です。一方、非正規労働者は、正規労働者ではない労働者すべてを指しています。

前記の調査結果をみると、雇用者三九七三万人のうち、正規労働者が三四六四万人(八七・三%)、非正規労働者は五〇三万人(一二・七%)という比率でした。男女別で見ると、男性の正規労働者の比率は九四・一%、女性は七三・九%。つまり八〇年代はじめには、男性労働者のほとんどが正規労働者であり、女性労働者も七割以上が正規労働者として働いていたのです。

## 新自由主義による非正規雇用の拡大

しかし九〇年代に入り、少しずつ広がっていた新自由主義・市場中心主義的な動きが加速していきます。特に日本政府が進めてきた構造改革政策による労働分野の規制緩和は、非正規雇用を急増させせました。

一九九五年、経営者団体である日経連（日本経済団体連合会）は従来の日本型雇用を大きく変換させる「新時代の「日本的経営」」と題した報告書をまとめます。この中では、終身雇用の正規労働者を基幹職に絞り込んで、専門職や一般職は昇給、退職金、年金がない有期雇用の非正規労働者にシフトしていく雇用改革が明らかにされました。

経済界の動きに国が呼応するように、九九年に労働者派遣法が改正され、派遣対象業務が自由化されます。さらに二〇〇三年の改正で、派遣対象業務が製造業務にまで拡大され、一年とされていた有期労働の契約期間の上限が三年（特例の上限が五年）に緩和されました。

## 置き去りにされる最低賃金

こうして様々な形で労働に関する規制緩和が導入され、企業は大規模なリストラで正規雇用を減らし、非正規雇用への置き換えを進めていきます。その流れの中で、従来は主婦や学生が中心だった非正規雇用が、男性労働者の間にも急速に拡大していきました。

総務省の「二〇〇七年就業構造基本調査」によると、二〇〇七年の時点でパート、アルバイト、派遣などの非正規労働者は一八九三万人に達し、労働者全体の三五・五％にまで増加しています。労働者のうち三人に一人が非正規労働者という状況になったのです。

しかし最低賃金は置き去りにされたままで、非正規労働者の賃金水準は正規労働者を大きく下回っていました。平均現金給与月額にすると、非正規労働者の賃金は正規労働者の六割、特別給与を考慮すると五割の水準にとどまっていると、同調査では報告されています。その後もこの傾向は変わっていません。

## 可視化された日本の中の貧困

こうした社会状況の中、二〇〇八年秋に起きたリーマン・ショックが追い打ちをかけました。アメリカから始まった世界金融危機によって、製造業を中心とした大量の派遣切りが行われたのです。失職と同時に社宅や寮を追い出された大量の労働者が路上に出ることを余儀なくされ、ホームレス状態に陥りました。

この危機に際して市民団体や法律家などの一六団体が全国二〇カ所で電話相談を実施したところ、わずか一四時間で約二万件の電話が殺到。さらに年末年始に東京の日比谷公園で開設された〈年越し派遣村〉には五〇〇人以上の人が詰めかけ、テントは一時、パンク状態になります。中には茨城県や静岡県から歩いて派遣村にたどり着いた人や、失業を苦にして飛び降り自殺しようとしたところを保護されて派遣村に来た人もいました。このように非正規労働者が住居を失うところまで追い詰められたことがマスコミを通じて可視化され、社会的にも大きな衝撃をもって受け止められたのです。

二〇〇八年から二〇一〇年にかけて行われた「派遣切り」「非正規切り」によって、男性の非正規雇用は一時的に減少しています。しかしその後また増加に転換。二〇一八年時点での非正規労働者は二一〇〇万人で、労働者全体の約四割にのぼります。女性に限れば六割近くが非正規労働者として働いているのが現状です。

## 深刻化するワーキングプアの現状

時代の流れの中で、最低賃金の社会的な位置づけは大きく変化しました。かつては家計補助的な役割とされていた非正規労働者の最低賃金による収入が、いまは実質上の生活賃金となっています。

厚生労働省「就業形態の多様化に関する総合実態調査」(二〇〇三年、〇七年、一〇年)によると、非正規労働者の中で「主な収入源が自分自身の収入」と回答した人は二〇〇三年から一〇年にかけて上昇する一方で、「配偶者の収入」と回答した労働者は減少し、両者の差は一〇ポイント以上開いていました。

また、パートタイム労働者の世帯主数の増加率は、男性が一九九三から二〇〇五年までに一・八倍と急増しており、女性も一・六倍に増えています。

非正規雇用における「家計補助型」と「自立型」の割合が逆転したにもかかわらず、最低賃金は家計補助型の水準のままです。つまり、最低賃金が機能不全を起こしているのです。この状況が、フルタイムで働いても人間らしい生活をするに足る収入を得ることができない「ワーキングプア」を生み出す大きな一因になっています。

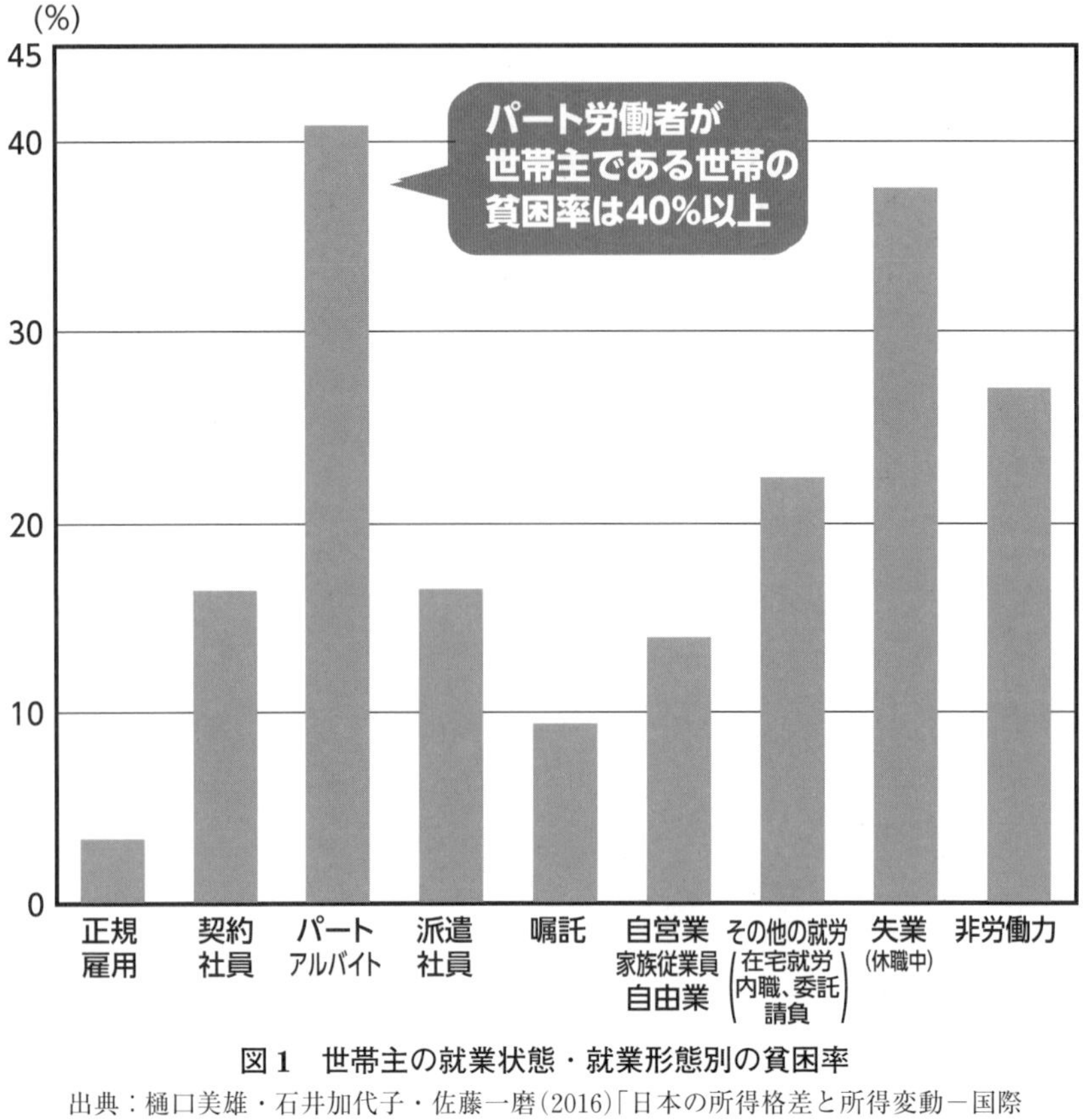


**図1　世帯主の就業状態・就業形態別の貧困率**

出典：樋口美雄・石井加代子・佐藤一磨(2016)「日本の所得格差と所得変動－国際比較・時系列比較による動学的視点－」『三田商学研究』第59巻第3号，P67-91，慶應義塾大学商学会.

註1：KHPS2005-2014をプールしたデータより作成.

註2：調査対象者もしくはその配偶者が世帯主(25-64歳)であるサンプルに限定(N＝21，194).

※KHPSは慶應義塾家計パネル調査の略称.

正規労働者として働く人たちが減少し、非正規労働者の割合が増加し続けるのに伴い、最低賃金をわずかに上回る賃金(最低賃金近傍)で働く労働者が増えています。年間二〇〇万円以下で働く民間企業の労働者は、一九九五年には七九三万人でしたが、二〇〇六年には一〇二三万人となり、一〇〇〇万人を超えました(「二〇〇六年分民間給与実態統計調査」)。二〇一八年の同調査でも一〇八五万人に達しています。

## 生活が安定しないので結婚できない

非正規労働者の経済基盤の不安定さは非婚化・晩婚化にも影響しています。

厚生労働省の「第五回　二一世紀成年者縦断調査」では、二〇〇二年から二〇〇六年にかけて、結婚を希望していた男性正規労働者の一八%が結婚できたのに対し、男性非正規労働者は九・一%しか結婚できていないという調査結果が出ました。

また、厚生労働省政策統括官付政策評価官室・二〇一〇年「社会保障を支える世代に関する意識等調査報告書」によると、結婚に関する状況は、三〇歳代の男性の未婚率は正規労働者が三〇・七%であるのに対し、非正規労働者は七五・六%となっています。

かつて、非正規雇用は自ら選択した働き方だと、盛んに喧伝されました。しかし現在は、やむをえず非正規雇用を選ぶ人も目立ちます。

たとえば二〇一六年の非正規労働者の労働者全体に占める割合は、二五歳から四四歳が三三%と高くなっています。正規労働者として働く機会がなく、非正規雇用で働いている者(不本意非正規）の割合は、非正規労働者の全体の一五・六％ですが、二五歳から三四歳まででは二四・三％と、全体の割合より高くなる傾向が見られます。ここからは、希望しない形で非正規雇用につき、経済的な障害で結婚に至らない若者の姿が浮かび上がります。

### 貧困に苦しむ女性たちの姿

非正規雇用の割合が約六割を占める女性労働者の抱える問題はさらに深刻です。たとえば派遣で働く四〇歳前後の単身女性は、三五歳を過ぎると途端に派遣契約が結びにくくなる「三五歳の壁」のために、将来の見通しが持ちにくくなります。

また特に貧困率が高いのは、夫と離別・死別をした女性が働きながら子どもを養育しているケースです。ダブルワーク、トリプルワークをしなければ生活が維持できず、長時間労働する人も少なくありません。

しかし最低賃金近傍で働く人たちに関する全国的な調査は行われておらず、詳細は明らかにされていないのが実情です。

「解雇された」あるいは「最低賃金を下回っている」という問題であれば、一般的な法律相談として成立します。しかし最低賃金は上回っているものの、「生活できないほど賃金が低い」という場合は外部に相談しにくく、困っている人の声が社会になかなか届きません。最低賃金と貧困問題の関係や問題点をより明確にするためにも、一刻も早い現状の調査と分析が必要でしょう。

**生活保護と最低賃金の逆転現象**

厚生労働省の「平成二八年国民生活基礎調査の概況」によると、日本の相対的貧困率は一五・七％。約六人に一人が相対的な貧困に分類されるということになります。この調査で生活意識が「苦しい」と回答したのは、全世帯のうちの五六・五％でした。日本の貧困率は国際的に見ても高く、ＯＥＣＤ平均を上回っています。

勤労世帯中、生活保護基準以下の生活を営んでいる貧困世帯の数および割合は、一九九七年の四五八万世帯（一二・八％）から二〇〇七年には六七五万世帯（一九％）に増加しています（総務省「就業構造基本調査」に基づく後藤道夫・都留文科大学名誉教授による分析）。

経済的に困窮する国民に対し、国や自治体が最低限度の生活を保障する生活保護制度は憲法二五条に基づいています。ところが、最低賃金が生活保護水準を下回るケースがあることが、これまでしばしば指摘されてきました。

そこでこの問題を改善するため、二〇〇七年に最低賃金法が改正され、九条三項という新しい条項ができました。

九条第一項
賃金の低廉な労働者について、賃金の最低額を保障するため、地域別最低賃金は、あまねく全国各地域について決定されなければならない。

第二項

地域別最低賃金は、地域における労働者の生計費及び賃金並びに通常の事業の賃金支払能力を考慮して定められなければならない。

第三項

前項の労働者の生計費を考慮するに当たつては、労働者が健康で文化的な最低限度の生活を営むことができるよう、生活保護に係る施策との整合性に配慮するものとする。

### 本当に逆転現象は解消されたのか

この法改正を機に、最低賃金の引き上げ幅は以前より大きくなりました。しかし新しい法律が施行されて四年経っても、依然として一一都道府県において逆転現象が生じており、解離の幅も拡大する傾向にありました。この間、日弁連では二〇〇九年に「最低賃金の引上げに関する会長声明」を発表、二〇一一年には「最低賃金制度の運用に関する意見書」を取りまとめ、全国的な最低賃金の引き上げや、生活保護制度との逆転現象の早期回復を繰り返し求めてきました。

「逆転現象」は二〇一三年度には北海道、宮城県、東京都、兵庫県、広島県の五都道県で残っていました。その後、一三年、一四年と二年連続で一〇円を超える最低賃金の目安引き上げを行ったことにより、「逆転現象はすべての都道府県において解消した」と、一五年に厚生労働省が説明しています。

しかし祝日や夏季・年末年始等の休暇を考慮に入れていないなど、両者を比較する計算式にはいくつかの問題点が指摘されています。また、生活保護制度には医療や介護の扶助や税金の免除があることに対し、最低賃金で働く場合にはそれらの制度がないだけでなく、年金や健康保険、税金は賃金から支払わなければなりません。また、比較対象として、若年単身者を選んでいることから、家族で暮らす低所得層の実態を反映していないという問題も指摘されています。これらのことを考慮すると現実的にはまだまだ最低賃金は生活保護基準に達していないともいえるのです。この問題に関しては四章で詳しく触れたいと思います。

## 最低賃金は誰がどう決めているのか

最低賃金は二つの段階を経て改定されます。

まず毎年、厚生労働省の中央最低賃金審議会が統計データや労使へのヒアリングなどをもとにして、金額改定のための「目安」を示します。次に各都道府県の最低賃金審議会が、中央最低賃金審議会から示された「目安」を参考にして意見をまとめ、その意見を踏まえて各都道府県の労働局長が金額を決定するのです。

メンバーは中央最低賃金審議会も都道府県の地方最低賃金審議会も、労働組合の役員等の「労働者を代表する委員」、経営団体の役員等の「経営者を代表する委員」、学者や弁護士等の「中立的な立場の委員」という同数の三者で構成されます。

最低賃金審議会に参加する「労働者を代表する委員」の多くは、大手企業の労働組合出身者から選ばれています。そのために非正規労働者の声や実態がどこまで審議会で反映されているか疑問があると言われています。

## 非正規労働者の代表の声を聞くべき

総務省統計局「労働力調査」によると、二〇一七年において非正規労働者の占める割合は全労働者の三七・三％で、二〇一六年よりも一三万人も増加していました。

改正後の最低賃金法に示された「生活保護制度との整合性」と照らし合わせると、中央および地方の最低賃金審議会における労働者代表は、実際に最低賃金の影響を受けることの多い「非正規労働者を数多く組織する労働組合の代表」の選出を積極的に進めるべきでしょう。

また、公益を代表する委員に関しても、従来のように労働法などを専門とする学者だけに限らず、生活困窮者の就労支援等を行っている団体の出身者や、社会保障を専門とする学者からの選任も幅広く検討する必要があります。

# Ⅱ　あなたの地域の最低賃金――日弁連全国調査より

### 地域ごとに決められるはずの最低賃金

日本の最低賃金は全国一律ではなく、都道府県ごとに定められています。その際に考慮されるのが、地域における①労働者の生計費、②賃金、③事業の支払能力、という三要素です。これらを総合的に考えた上で、各都道府県の最低賃金は決定されます。ところが結果的には、必ずしも地域の状況が十分に反映している状況とは言えません。各都道府県の最低賃金は、結果的に見るとほぼ中央最低賃金審議会から示された引き上げ額の目安通りになっているのです。

### 強化された中央審議会の指導性

最低賃金を決める国の組織である中央最低賃金審議会は、厚生労働省の中にある、厚生労働大臣の諮問機関です。一方、地方最低賃金審議会は都道府県における労働局長の諮問機関となっています。つまり地方最低賃金審議会は中央最低賃金審議会から独立しており、直接その指揮下に属しているわけではありません。

しかし一九七七年一二月の中央最低賃金審議会の答申で「全国的な整合に資する見地から」中

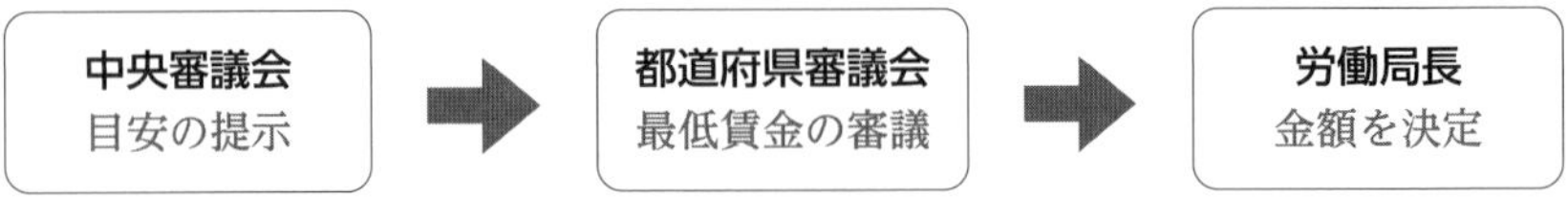


**図2　最低賃金の決まり方**
出典：日本弁護士連合会パンフレットより

央最低賃金審議会の指導性を強化することになりました。そのときに次のようなことが決定されたのです。

①最低賃金決定の前提となる基本的事項についてできるだけ全国的に統一的な処理が行われるよう、中央最低賃金審議会がその考え方を整理し、これを地方最低賃金審議会に提示する。

②最低賃金額の改定についてはできるだけ全国的に整合性のある決定が行われるよう、中央最低賃金審議会は、毎年、四七都道府県を数等のランクに分けて、最低賃金の改定について目安を提示する。

## AからDまでのランク分け

二〇一七年三月の「中央最低賃金審議会目安制度の在り方に関する全員協議会報告」では、目安制度に関して「最低賃金の改定について制度として定着し、地方最低賃金審議会の円滑な審議に重要な役割を果たしている」と評価しました。そのうえで、四七都道府県のランク分けと目安を表示することの必要性をあらためて確認しています。

ランクについては「所得と消費に関する指標」「労働者が受け取っている給与に関する指標」「企業の経営状態に関する指標」など一九の項目を指標化して平均を取り、経済状況に応じて都道府県をA・B・C・Dの四つに区分しています。最低賃金額が最も高く値上げ幅も大きいのがAランクで、最も低く値上げ幅が低いのがDランクです。

二〇一七年に出た新たなランクでは、埼玉県がBランクからAランクへ、山梨県がCランクからDランクへ、徳島県がDランクからCランクへ変更となりました。二〇一九年時点のランクは次のようになっています。

Aランク　埼玉県・千葉県・東京都・神奈川県・愛知県・大阪府

Bランク　茨城県・栃木県・富山県・山梨県・長野県・静岡県・三重県・滋賀県・京都府・兵庫県・広島県

Cランク　北海道・宮城県・群馬県・新潟県・石川県・福井県・岐阜県・奈良県・和歌山県・岡山県・山口県・徳島県・香川県・福岡県

Dランク　青森県・岩手県・秋田県・山形県・福島県・鳥取県・島根県・愛媛県・高知県・佐賀県・長崎県・熊本県・大分県・宮崎県・鹿児島県・沖縄県

二〇一九年度の引き上げ額目安はAランク二八円、Bランク二七円、Cランク二六円、Dランク二六円となっています。

## 北海道、青森、鳥取の調査から

全体的に地方の状況を検証していきましょう。日弁連貧困問題対策本部では全国の最低賃金の現状と課題を探るため、二〇一六年から二〇一七年にかけて北海道、青森、鳥取の三道県で調査を行いました(なお、以下のデータは調査当時のものです)。

青森県と鳥取県は中央最低賃金審議会の提示する改定の目安額で共にDランクに位置づけられています。北海道はCランクです。

三道県の地域別最低賃金を見ると、青森県は二〇一六年度七一六円(二一円引き上げ)、二〇一七年度七三八円(二二円引き上げ)。

鳥取県は二〇一六年度七一五円(二二円引き上げ)、二〇一七年度七三八円(二三円引き上げ)です。二〇一七年度の最低賃金七三八円は、全国で最も低い最低賃金額七三七円(沖縄、鹿児島、宮崎、大分、熊本、長崎、佐賀、高知)に次いで低い水準でした。

北海道は二〇一六年七八六円(二二円引き上げ)、二〇一七年度八一〇円(二四円引き上げ)でした。

青森県と北海道は全国の中で見ても最低賃金水準で働く労働者が多く、影響率(最低賃金を改正した後に、最低賃金を下回ることになる労働者の割合)が常に高い水準です。

また三道県ともに人口減少が進み、貧困率も高い傾向にあります。二〇一二年の貧困率調査では青森県二四・一%、北海道二一・四%、鳥取県一八・九%で、いずれも全国平均一八・三%を上回っており、直近五年間(二〇〇七〜二〇一二年)で貧困率が急上昇しています(戸室健作「都道府県別の貧困率、ワーキングプア率、子どもの貧困率、捕捉率の検討」)。

このような地域で、最低賃金の引き上げは労働者の生活、企業経営、地域経済にどのような影響を与えるでしょうか。

**最低賃金について——労働者側の主張**

今回の調査に当たっての訪問先は、各地方の労働局、経営者団体、労働組合、最低賃金総合相談支援センター等でした。聴取した事項は、「地方最低賃金審議会における議論の状況」「改定後の最低賃金についての評価」「ここ一〇年で最低賃金が約一〇〇円引き上げられたことによる雇用・労働者の生活状況・企業経営・地域経済等への影響」「最低賃金の地域間格差の影響」「中小企業支援策の利用状況と課題」等についてです。

青森県、鳥取県、北海道の労働者側の主張から見ていきましょう。

「最低賃金は少なくとも労働者の健康で文化的な最低限の生活が確保できる水準でなければならない。青森県では最低でも時給八六〇円は必要であり、七一六円ではこれに遠く及ばないことから、三五円の引き上げを主張した。税金や教育費等の負担を考えると、この水準でも日々の消費で消えてしまい、貯蓄まではなかなかできない」(連合青森)

「「東北地方最低生計費試算調査」を実施した結果、時給一三〇〇円、月額二三万円、年額二七六万円が必要だという結果が出ている」(青森県労連)

「最賃法第一条にある「労働者の生活の安定」のためには、高卒初任給相当の時給九〇〇円は必要であり、最低賃金の地域間格差の是正も目指して、当初二五円の引き上げ額を提示した」(連

合鳥取）

「二〇一六年の鳥取県の最低賃金は七一五円だが、この賃金では健康で文化的な最低限度の生活はできないので、県労連として異議の申し立てをしている。地方は物価が安いという意見もあるが、生計費調査では都市部と地方で大きく変わるわけではない」（鳥取労連）

「北海道でもできるだけ早期に道内リビングウェッジ八八〇円及び高卒初任給八九六円を目指すべきだとの立場で、連合出身の委員は地方最低賃金委員会で議論を進めた」（連合北海道）

「北海道でも学者の協力を得て独自の生計費調査をしているが、労働者が健康で文化的な最低限度の生活を送るためには月に二二万二六一六円が必要であり、月の労働時間を一七三・六時間とすると、時給一二八三円となる」（北海道労連）

### 最低賃金について――使用者側の主張

これに対して、使用者の側からは次のような意見が出ています。

「最低賃金法に規定されている三要素を考慮して決定するのが基本。その上で中小零細企業の賃金引き上げの実態を示す「賃金改定状況調査第四表」を最大限重視した審議をすべきである。この第四表は、常用労働者数三〇人未満の中小零細企業の事業所が対象となっている。第四表によれば、近年の賃金上昇率は一％程度だが、実際の最低賃金の引き上げ幅は三％程度となっており、この二％の差は「時々の事情」による上積み分ということになり納得できない。

「雇用戦略対話」については名目三％、実質二％を上回る経済成長を前提に、できる限り早期に全国最低八〇〇円を確保し、景気状況に配慮しつつ、全国平均一〇〇〇円を目指すことになっているが、前提の成長率が確保されておらず、中小企業への支援策も十分でない」（青森経営者協会）

「標準生計費や春闘の賃金引き上げ率との比較でも問題である。鳥取市の場合、一人世帯の標準生計費は一一万八七六六円（労働総合運動研究所の地域別・生計費データ）、月間労働時間を一六三時間とすると時給七二九円になる。最低賃金は標準生計費よりも一定程度低い額で問題ないはずなのに、二〇一六年の最賃七一五円は標準生計費にかなり近い額になっている。春闘における大企業の賃金引き上げ率二・二％を考慮しても、一六円の引き上げが最大であり、二二円は引き上げ幅が大きすぎる」（鳥取経営者協会）

「ここ数年間、三％程度の最低賃金の引き上げが行われているが、三％ありきで引き上げが行われており、根拠のない三％の引き上げであると認識している。最低賃金審議会では使用者側委員としてかかわっているが、北海道の経済実態を反映していないと考えている。賃金改定状況調査第四表での賃上げ率は一・二〜一・三％であり、この数字を大幅に超える三％には根拠がない」（北海道中小企業団体中央会）

## 使用者は経営環境をどうとらえているか

現在は「戦後最長の好景気」と表現されることもありますが、実態はどうでしょうか。アベノミクスの恩恵があるのは一部の大企業のみ。中小零細を中心として使用者は厳しい経営環境下にかりました。

置かれています。今回の調査では、使用者の側が経営環境を以下のように認識していることがわ

「青森県は九九・九％が中小企業で経営基盤も弱く、内需型の産業構造で、アベノミクスの恩恵もない。日銀の法人企業統計の分析によると、売上高や経常利益率は全国の半分程度しかなく、最低賃金の引き上げ分の受注額への転換も容易でない状況（たとえばビルメンテナンス業等）もある中で、中小企業の経営を圧迫する」（青森経営者協会）

「鳥取県内は中小企業がほとんどで、約七割が赤字決算であり、休廃業・解散率は全国九位と厳しい経済状況が続いている。一社あたりの所得金額も少なく生産性の向上が図られないまま最低賃金ばかりが引き上げとなり、経営を圧迫している」（鳥取経営者協会）

「労働者の生産性の向上がない状況での最低賃金の引き上げに伴うコストは、労働時間の減少として労働者が負担するのか、収益の減少として企業が負担するのか、価格に転嫁して消費者が負担するのかとなるが、道内の経済状況では価格への転嫁は難しく、企業の収益が悪化しているのが現状。その結果、地域経済の衰退につながっている」（北海道経済連合会）

「労働者側からは、青森県の場合確かに所定内賃金の平均を見ても全国最低水準だが、企業の利益も含めた青森県の県民所得を見ると、二〇一四年度は三兆二五八四億円であり（二〇一四年度青森県民経済計算速報）、全国最低ではないとの指摘があった」（連合青森）

「企業側から生産性の向上が賃上げの条件だとの主張をよく聞くが、生産性の向上を測る指標が不明確であるとの意見もあった」（連合北海道）

## 中央最低賃金審議会の課題

中央最低賃金審議会は、厚生労働大臣の諮問を受けて審議をし、目安額を答申します。厚生労働大臣は二〇一六年にも二〇一七年にも「年率三％程度、全国加重平均が一〇〇〇円となることを目指し、中小企業の支援、取引条件の改善を図る」こととする「ニッポン一億総活躍プラン」（二〇一六年六月二日閣議決定）や、「働き方改革実行計画」（二〇一七年三月二八日働き方改革実現会議決定）に配慮した調査審議を求めるよう諮問しました。

このように政府の強い要請で、議論の前から三％という結論が先にありきとなっています。目安額はあくまで目安であり、公労使の合意事項ではありません。ところが現実には公益委員が目安額どおりの提案をし、使用者側が反対する中で、公益委員と労働者側の賛成により採決で可決されており、審議が形骸化しているという指摘もあります。

使用者側からは「政府主導の最低賃金引き上げに対する圧力は、賃金は労使間で決定するという原則に反する」という懸念が示されています。

元鳥取地方最低賃金審議会会長の藤田安一鳥取大学名誉教授も、中央最低賃金審議会の審議の在り方について、

「何を根拠に引き上げ額を出したのか、議事録を見ても不明であり、根拠を示すように求めても明らかにしない。哲学を持たず、時々の政治状況によって揺れ動くからではないか」と、疑問を呈しています。

## 最低賃金を引き上げると失業が増える？

次に日弁連が行った全国調査から、これまでに行われた最低賃金の引き上げがどのような影響を生んだかを見ていきましょう。

二〇〇六年度から二〇一六年度にかけて、青森県では六一〇円から七一六円へ一〇六円の引き上げ、鳥取県では六一四円から七一五円へ一〇一円の引き上げ、北海道では六五四円から八一〇円へ一五六円の引き上げが行われています。どの地域でも一〇年間で一〇〇円以上の引き上げが行われているわけです。それがどのように雇用に影響しているでしょうか。

青森県では最低賃金が上がったことによって県内の失業率が上昇しているという状況はありませんでした（青森経営者協会）。

青森労働局や連合青森によると、正社員の有効求人数における構成比は上昇しており、雇用への悪影響は窺われないという見方も出ています。

鳥取県でも正社員有効求人数は最低賃金の引き上げにほとんど影響を受けておらず（鳥取労働局）、人手不足状態であり、引き上げが雇用に悪影響を与えるとは考えられない（連合鳥取）。

北海道でも人手不足が深刻化し、有効求人倍率は一・一六倍でバブル期を上回っています。少なくとも最低賃金の引き上げが雇用への悪影響を及ぼすという関係性はない（北海道経済連合会）と言います。

**経営への影響はどのようなものか**

以上のように、いずれの地域でも総合的に見ると、最低賃金の引き上げによって失業率の増加などの悪影響はみられないという結果が出ました。また、最低賃金の引き上げが倒産を招いたという状況も、今回の調査からは認められません。

しかし使用者側からは、最低賃金が急上昇する中でコスト増が経営を圧迫している、という懸念が示されています。

そのひとつが、影響率の急上昇です。青森県の場合、七分の一以上の労働者に影響がありました。特に大きな影響を受けている業種は、食品製造業、衣料品製造業、飲食業、宿泊業、クリーニング業、清掃業（ビルメンテナンス等）などです。

また、最低賃金を引き上げた場合、給与体系や業務内容のバランスを考えると、上位の従業員への波及的な賃金引き上げも必要になってきます。併せて社会保険料などの企業負担も増加するということになります。

**下請けへの締め付けを制限する制度を**

最低賃金引き上げによる経営面への影響について、各地域の使用者側は以下のような意見を述べています。

「年次途中で最低賃金が改定になっても価格転嫁が容易ではない。発注元は発注額を上げずに仕様変更で対応するので、労働者の労働時間が減り、結果的に労働者の収入が減るという問題が

ある」(青森経営者協会)

「県内の製造業は二次、三次の下請けがほとんどであり、発注元の依頼単価は最低賃金が引き上げになっても変わらないため、経営を圧迫している。元受けによる下請けに対する過剰な締め付けをやめさせて、賃金が上がった場合にその分を下請け単価に上乗せする支援策を創設してほしい」(鳥取経営者協会)

「年度途中で最低賃金が引き上げになっても、当初の予算との関係で、元請けが下請けの費用に反映させてくれないということが多い。最低賃金の引き上げが一〇月ではなく四月であれば、その弊害も小さくなると思われる」(北海道経済連合会)

大幅な最低賃金の引き上げをする場合は、下請けへの保護制度の充実が欠かせません。

**地域経済への影響について**

さらに地域経済への影響について、使用者側から以下のような声がありました。

「現在のところ最低賃金引き上げの影響を検証する体制が整っていないため、地域経済への具体的な影響は不透明。消費との関係については、配偶者控除との関係で仕事を控える人も多いので、最低賃金引き上げが必ずしも消費に結びつかない面がある」(青森経営者協会)

「最低賃金の引き上げによって、扶養限度内で働くパートタイム労働者には就業調整を行う人も少なくない。最低賃金の大幅な引き上げは人手不足を助長し、地域経済への悪影響を及ぼす可能性も否定できない」(北海道経済連合会)

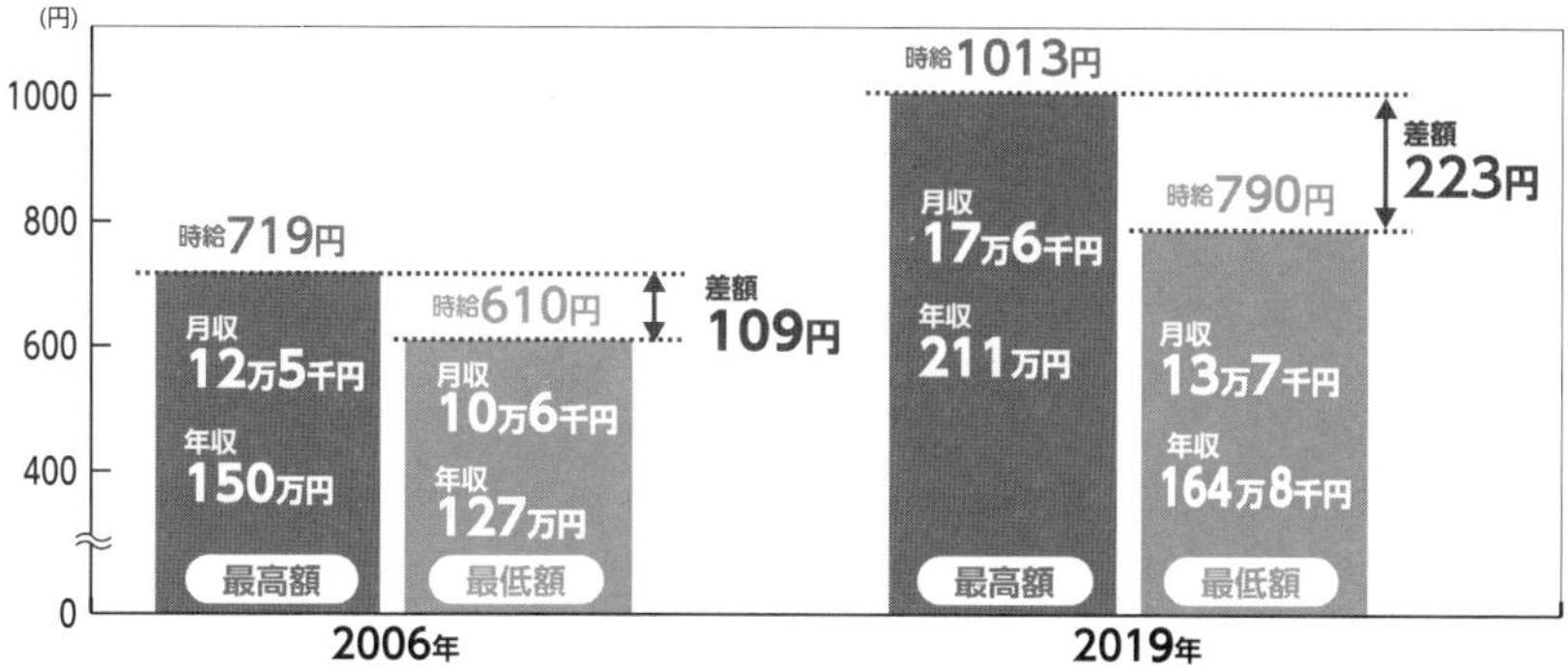


**図3　地域別最低賃金の最高額と最低額**
※月収・年収は週40時間働いた場合
出典：日本弁護士連合会パンフレットより

使用者側は様々な形で最低賃金の大幅引き上げへの不安を抱えています。

## 最大二〇〇円以上！　地域間格差の問題

地域別最低賃金は都市と地方で格差が生じており、その格差は拡大しています。

日給ベースであった最低賃金が時給ベースにされた二〇〇二年以降の推移をみると、二〇〇二年度は、最も高いのが東京都の七〇八円で、最も低い沖縄県が六〇四円で、差は一〇四円。二〇〇六年度は最高七一九円（東京都）と最低六一〇円（沖縄県ほか三県）で一〇九円の差。二〇一六年度は最高九三二円（東京都）と七一四円（沖縄県、宮崎県）で二一八円の差。二〇一七年度は最高九五八円（東京都）と最低七三七円（沖縄県ほか七県）で二二一円の差。そして二〇一九年には最高が一〇一三円（東京都）と最低七九〇円（一五県）で、その差は二二三円まで拡大しています。

また、二〇一九年度の地域別最低賃金額のうち、全国加重平均九〇一円よりも高かった都道府県は、東京都、神奈川県、大阪府など、大都市圏を中心としたわずか七つしかありませんでした。こうした賃金格差によって、地方では県外就職が増加し、地元での人材確保が困難になる状況に拍車がかかっています。

「東京などの大都市部で最低賃金が大きく引き上げられ、県外で就職する新卒者の割合が増えている」(青森経営者会)

「組合員のお子さんも、大学進学や就職で県外に出る人がかなり多い。その理由の一つが県内と大都市圏との賃金の格差にあると思う」(連合青森)

「たしかに有効求人倍率が近時一倍超となっているが、これは求職者数の減少が影響しており、県外就職が増加した半面、地元での人材確保が難しくなっている」(青森経営者協会)

**地元企業の経営圧迫も**

最低賃金の地域間格差の拡大が、地元企業の経営を圧迫しているという意見も見られました。

「時給の安い鳥取県へ県外企業が進出し、地元の中小零細企業の経営を圧迫し、廃業に追い込まれる企業もある。また県内経済の付加価値が県外へ流出し、県内に還元されていない」(鳥取経営者協会)

また、北海道は東京・大阪などの大都市圏から地理的に離れており、最低賃金の地域的な格差の影響はあまり感じていないとするものの、

「北海道からの若者の流出は全国でもワーストクラス。だがこれは最低賃金というよりも圧倒

的な求人数の違いが大きいと考えている。大学や大手企業が首都圏に偏在し、大学生や若者を誘引している。また北海道では特に製造業の蓄積がなく、理系人材の就職先が少ないのも問題だ」(北海道経済連合会)

これらの報告を見ても、地域の活性化のためには最低賃金の地域間格差を早急に縮小させることが必要だと言えるでしょう。

## 活用されていない中小・零細企業の援助策

最低賃金の引き上げに関する中小企業への支援策は、現在どのようなものが制定されているのでしょうか。

まず「総合相談窓口」があります。各都道府県には「働き方改革推進支援センター」(旧最低賃金総合相談支援センター)が設置されており、最低賃金引き上げにかかわる労務問題、経営問題、助成金の活用法などの相談を、それぞれの専門家が受けています。

ただし相談件数は二〇一五年で青森県では四〇件、鳥取県で三〇件、北海道で二一〇件となっており、十分に活用されているとは言えません。

もうひとつは「業務改善助成金」です。二〇一六年度の利用状況は、交付決定件数一一件、交付決定金額にして一〇七四万一〇〇〇円となっています。北海道でも同年度の支給決定件数二件、対象一三四人、支給金額三二二万円、青森県と鳥取県では二〇一五年度の交付決定数は三件でした。以上のように業務改善助成金についても十分には活用されていない現状が浮き彫りになっています。

**援助策がより活用されるためには**

では、なぜ中小・零細企業援助策があまり利用されていないのでしょうか。その理由として、経営者団体は以下のようなことを挙げています。

・「生産性向上のための設備・器具の導入」として従来は認められていたパソコン、営業車両等の購入が、助成金の対象から除外されたこと、

・最低賃金が適用される労働者を雇用しているのは、中小企業の中でもサービス業、卸売業等が圧倒的に多く、そもそも設備投資をしない企業であること、

・事業場内最低賃金三〇円以上引き上げが要件となっており、引き上げ幅が大きすぎて利用のハードルが高すぎること、

・「生産性を向上させるための助成金」というつくりなので、助成金が打ち切られることを前提とする制度となっており安易に使うことができないこと、

などです。

中小企業支援策が十分に機能していないなかで、経営者団体からは次のような改善要望が出ています。

①「生産性向上のための設備・器具」の範囲の拡大等、業務改善助成金の要件緩和

②税および社会保険料の負担軽減

③最低賃金を引き上げた場合の賃金の一部助成
④地域によって最低賃金の額が違うので、地域の特性を踏まえた公平な助成策が必要
⑤助成制度の周知と利用支援
⑥成功事例とノウハウの共有
こうした経営側へのバックアップ体制が整ってこそ、最低賃金の大幅引き上げが可能になるでしょう。

# Ⅲ　外国の最低賃金システム――日弁連海外調査より

## 世界では大幅な賃上げの動きが

世界の他の国々の最低賃金はどうなっているのでしょうか。

たとえばヨーロッパでは、フランスの最低賃金は一〇・〇三ユーロ（約一二七四円）。ドイツは九・五五ユーロ（一二一三円）。イギリスは現在七・七ポンド（二一歳以上、約一二五六円）です。

この章で詳しく報告するように、アメリカやイギリスでは最低賃金を大幅に引き上げる動きが広がっています。また、最低賃金の急激な大幅引き上げが賛否両論の議論を引き起こした韓国における近年の動きも、世界から注目されています。

それでは、いくつかの国々の最低賃金にまつわる事情を見ていきましょう。

## ニューヨーク市は最低賃金一五〇〇円以上

アメリカでは一九三八年に制定された公正労働基準法（連邦法）によって、アメリカ全土に適用する「連邦最低賃金」が定められています。連邦最低賃金は何度かの改定を経た結果、現在は時給七・二五ドルです。

一方、これとは別に、アメリカでは州法によって州ごとの最低賃金を決めることもできるようになっています。現在は二九州およびワシントン特別区が連邦最低賃金を上回る州最低賃金を定めています。

二〇一九年一月一日時点で、ワシントン特別区で一三・二五ドル。カリフォルニア州では一二ドル（段階的に一五ドルまでの引き上げが決まっている）、ニューヨーク州のうちニューヨーク市では一五ドルなどとなっています。

また、西海岸を中心としたいくつかの州では、市に独自の最低賃金を決める権限を与えているところもあります。金額的に最も高いのはシアトル市、サンフランシスコ市などの一五ドルです。

**「生活できる」賃金を条例で決める**

アメリカの連邦最低賃金は二〇〇九年以降据え置かれています。ところがその一方で、州レベルでは近年になって毎年のように最低賃金の引き上げが続いています。

州によって差があるとは言え、なぜ最低賃金を引き上げ続けられているのでしょうか。その要因は大きく分けて三つあります。

まず一つ目が〈生活賃金（Living wage）条例〉制定の運動です。

一九九〇年以降、「賃金は労働者とその家族の一定の生活を保障する水準であるべき」という思想に基づいて算出された〈生活賃金〉という概念が広まりました。

その中で、行政から委託を受けた契約企業や、行政による開発事業にかかわっている契約企業は生活賃金の支払い義務を負うこととする「生活賃金条例」が生まれたのです。

生活賃金条例は、極めて低い連邦最低賃金の水準を打開するために「たとえ範囲が限定されたものであっても最低賃金を引き上げていく方法はないか」と労働組合などが模索し、考え出したものでした。

その後、運動の結果として全米で一四〇ほどの市や郡で「生活賃金条例」が制定されました。条例の適用範囲は多くの場合、市との契約がある企業や、市の開発事業にかかわっている企業など、限定的なものになっています。しかし一部の地域では対象を拡大する試みも始まりました。たとえばニューヨーク市では都市開発にかかわった企業だけでなく、都市開発によってできた建物のテナントに入っている事業者も適用対象とされています。

**時給一五ドルをめぐる労働者の運動**

二つ目の要因はウォール街占拠運動です。

二〇一一年、世界的な金融機関が集まるニューヨークのウォール街で、格差社会への反対の声を上げる大規模なデモが巻き起こりました。最も裕福な一%の人々がアメリカのすべての資産の三四・六%を所有していることから、「我々は九九%だ」というスローガンが叫ばれます。この運動は約半年間続き、世界中に報道されました。そして労働者全体の意識に大きな変革をもたらしたのです。

三つ目は「ファイト・フォー・フィフティーン」と呼ばれる、市民による賃金引き上げ運動です。マクドナルドなどを代表とするファストフード産業では多くの低賃金労働者が働いており、その大半は労働組合にも入っていませんでした。しかしウォール街占拠運動の流れの中で、一部の労働者が立ち上がったのです。ニューヨークでは時給一五ドルの要求を掲げて一日ストライキが行われ、この動きが他の都市にも広がります。その結果、労働組合や地域の団体、ＮＰＯや連携組織が、さまざまな都市で生まれていきました。そして新たに一八の市で、条例の制定や最低賃金引き上げが行われたのです。また、州の中でも新たな条例や引き上げの動きが広がっており、これらの中には住民投票で決められたものもあります。

アメリカではこのように、労働者の運動によって最低賃金引き上げの動きが進められてきました。前回の大統領選では民主党の大統領候補が「連邦最低賃金の大幅な引き上げ」を公約に掲げるなど、最低賃金は大きな政治的テーマとなっています。

## 大幅引き上げで事業経営は大丈夫？

しかし「大幅な最低賃金引き上げ」に、企業側からの反対はないのでしょうか。

そうした声に答えるように、アメリカ連邦労働省のホームページでは最低賃金の引き上げに対するいくつかの反対意見を〈神話〉として論破しています。

たとえば「中小企業の経営者は、これ以上労働者に賃金を支払う余裕はない。したがって最低賃金の引き上げを支持していない」という〈神話〉に対しては、次のような反論が示されています。

「二〇一五年七月の調査によれば、従業員を雇用している中小企業経営者の五人中三人が、最低賃金を段階的に一二ドルまで引き上げることを支持している。この調査によれば中小企業経営者は、最低賃金の引き上げで「低賃金労働者のポケットにより多くのお金が入ることになる。彼ら彼女らは住居費、食費、ガス代などにより多くのお金を使うことになるだろう。こうした商品やサービスの需要の拡大は経済を活性化させ、事業機会の創出に役立つだろう」と答えている」また、「最低賃金の引き上げは事業に悪影響を与える」という〈神話〉に対しては、「学術研究によれば、より高い賃金が従業員の離職率を激減させることが認められており、採用及び教育訓練のコストを減らす効果が期待できる」と記しています。

## 一〇年間で五倍に急上昇させた韓国

お隣の韓国でも、最低賃金は近年になって大幅に引き上げられています。

韓国の最低賃金は日本とは違い、全国一律の制度です。「最低賃金を地域別や業種別に区別すべきだ」と要求する経営者団体もありますが、労働組合等は反対の姿勢を示しています。また公益代表や政府も、現在の全国一律の制度をこのまま維持する方向のようです。

韓国の最低賃金は一九八八年に全斗煥《チョンドゥファン》政権下の民主化運動の中で導入されました。当時は製造業部門における一〇人以上の事業所を対象に導入され、一九九〇年から全産業の一〇人以上の事業所に拡大実施、二〇〇〇年からはすべての労働者が適用対象となっています。

韓国の最低賃金(時給)は、一九九〇年が六九〇ウォン(一〇ウォンが約一円)でした。その後、二〇〇〇年が一六〇〇ウォン、二〇一〇年が四一一〇ウォンと大幅に上昇してきましたが、それでもかなり低水準でした。二〇一六年でも六〇三〇ウォンで、同年の日本の全国加重平均八二二円を大きく下回っていました。

ところが近年、韓国の最低賃金が急上昇しています。二〇一八年は一六・四％の引き上げによって七五三〇ウォンに、二〇一九年からは一〇・九％引き上げられて八三五〇ウォンになりました。日本の二〇一八年の地域別最低賃金の全国加重平均は八七四円ですから、ほぼ同水準となっており、都道府県別最低賃金で比較した場合、この時点で三四県が追い抜かれた状態になりました。

### 韓国の大幅引き上げの経過と背景

なぜ韓国ではこのような大幅引き上げが可能だったのでしょうか。その背景には「キャンドル革命」と呼ばれる、朴槿恵《パククネ》政権に対する反対運動の影響があると言われています。

しかし、それだけではありません。韓国ではかなり前から「最低賃金の大幅な引き上げをはじめとする低所得層の底上げ政策によって、経済活動の活性化をもたらす」という理解が一般的に定着していました。すでに朴槿恵政権時代にも引き上げ率は毎年六％を超えていたのです。労働各団体はもとより経済団体でさえも、近い将来に最低賃金を一万ウォンへ引き上げることには理解を示していました。

キャンドル革命後の大統領選挙では、文在寅《ムンジェイン》大統領ら三名が三年以内に、残りの二名は五年以内にと、候補者全員が最低賃金一万ウォンの実現を公約に掲げました。文在寅大統領は最低賃金の引き上げを「所得主導成長」政策のひとつに位置づけています。

**運動団体の活動と連帯の成果**

こうした理解が定着しているのは、二〇〇二年から始まった「最低賃金連帯」などの地道な活動や運動が継続してきたからです。「最低賃金連帯」は韓国労働組合総連盟（韓国労総）や全国民主労働組合総連盟（民主労総）、政党、市民団体など三一団体で結成されています。その中で学生アルバイトや非正規雇用の実態調査、若者の貧困問題と最低賃金のつながりを認知させるため、多種多様な取り組みが展開されてきました。

最低賃金連帯の掲げた「最低賃金一万ウォンの実現」は、一九九七年の「韓国通貨危機」以来、深刻な若者の失業や低賃金、貧困問題が続く韓国社会の中で、非常にわかりやすく印象的なスローガンとして受け入れられました。その結果、保守政党も含めて、その実現を公約に取り入れることを真剣に検討せざるを得ないところまで世論が盛り上がりました。二〇一七年の大統領選で最低賃金が争点とされ、社会的に注目を集めたのも、このような運動の成果だったといわれています。

**非正規労働者の声が反映された仕組み**

韓国の最低賃金大幅引き上げに影響を与えたひとつの要因として、若者や非正規雇用労働者を代表する人々が最低賃金委員会に参加したことが挙げられます。

韓国の最低賃金委員会は「公益委員」「労働者側委員」「使用者側委員」がそれぞれ九名、合計で二七名の委員で構成されています。

労働者側委員九名のうち、五名が韓国労総、四名が民主労総という二つのナショナルセンター（労働組合の全国中央団体）からの推薦枠です。そんな中で二〇一五年から、民主労総の推薦枠のうちの一人として韓国青年ユニオンから、韓国労総の推薦枠の一人として非正規労働センターから、それぞれ若者と非正規雇用労働者の声を代表する委員が入ることになりました。その背景には、最低賃金運動が盛り上がる中で、「当事者性が高い者の声を最低賃金委員会に反映させるべきだ」という世論の高まりがあったのです。

最低賃金委員会では公益委員の発言力が非常に強く、審議の中で韓国青年ユニオンや非正規労働センターの委員の発言力はさほど大きくはありません。しかし審議の外で、彼らの存在が社会的認知に果たす役割は非常に重要です。たとえば二〇一五年、最初にこの体制となったときには、二五歳の若者が委員に入ったことが話題を呼びました。また、韓国青年ユニオンの委員が組合員向けにＳＮＳで審議状況の実況中継を行ったことも注目を集め、審議経過に緊張感を持たせる役割を果たしました。

このように若者の代表が審議過程に入ることが、最低賃金委員会に「非正規雇用労働者や若者の問題」としての社会的注目を集める効果を生んでいるのです。

### 中小・零細企業対策

一方、韓国における最低賃金委員会の使用者側委員の推薦団体は五つの使用者団体ですが、これに属していない「小商工人連合会」からも委員が推薦されています。

零細事業者の団体である小商工人連合会では、多くの事業主が「あまりに急激な最低賃金引き上げによって経営の継続が困難になっており、政府の対策が不十分だ」と訴えていました。しかし日本での中小零細企業支援に比べると、はるかに充実した対策が取られています。

代表的なものは以下の四つです。

①雇用安定資金支援

二〇一八年から始まったばかりの制度で、雇用者三〇人未満の事業主に対し、雇用者一人につき時給一五〇〇ウォンを支給。週四〇時間勤務の場合は月額一三万ウォンを支給することになります。

②社会保険料などの減免

雇用者一〇人未満の事業主に対し、雇用保険料、国民年金等の事業者負担部分を減免する制度。従来はいずれについても六〇％減額される制度でしたが、減額率をさらに充実させました。その結果、雇用者五人未満の事業主に対しては九〇％、五人以上一〇人未満の事業主に対しては八〇％が減額されることに。

③クレジット手数料の一部負担

韓国ではクレジットカード決済が一般的ですが、クレジット会社が多額の手数料を取るため、中小零細企業の経営を圧迫してきました。そこで政府はクレジットの手数料の上限を規制したり、一定規模以下の小さな事業者についてはクレジット手数料の一部を国が負担したりしています。

④商店街の賃貸料規制・フランチャイズ手数料規制

商店街の多くの事業主は事業所を賃借しており、その賃借料の負担が経営を圧迫しています。そこで賃貸借保護法を改正し、賃料の引き上げ率の上限を年九％から年五％に引き下げました。また、フランチャイズに加盟している店舗は過大な手数料を徴収されているため、公正取引法によって、加盟店の従属性緩和や手数料の上限規制などが検討されています。

**韓国の最近の情勢について**

韓国では大幅な最低賃金引き上げに伴って、最低賃金算入範囲が変更されました。

二〇一八年までは、基本給と固定手当の合計額が最低賃金を超えている必要がある「算入範囲」だったのですが、二〇一九年からは「交通費」や「食事手当」などの名目で支給される福利厚生費まで算入範囲に加えてよいことになりました。また、月単位では支給されない定期ボーナスについて、月単位の支給に変更することによって算入範囲に加えることも可能になったのです。

こうした制度変更の背景には、形式上は基本給を安く抑える代わりに福利厚生目的の手当名目で別途賃金を支給したり、一カ月単位ではない定期ボーナスをたくさん支給したりすることによって実質的な賃上げを行うといった、韓国における雇用の慣例という事情がありました。しかし最低賃金の算入範囲変更については労働組合等からも強い批判があり、大規模なデモも発生しています。

また、最低賃金の大幅値上げの評価も一定ではありません。月給一五万円未満の若者が減少したというプラスの報道がある一方で、月別就業者数が落ち込んでいるという統計も存在しています。このように最低賃金引き上げの影響については、韓国社会全体で熱い議論が交わされているのが現状です。

## 五段階あるイギリスの最低賃金

イギリスでは一九九三年に保守党政権下で最低賃金制度がいったん廃止されました。その後、一九九九年に労働党政権によって全国・全業一律に適用される「全国最低賃金(National Minimum Wage)制度」が導入されます。続いて二〇一六年に保守政権下で、二五歳以上の労働者を対象とする「全国生活賃金(National Living Wage)」が新たに作られました。

これに伴って、従来の二一歳以上の労働者向けの「全国最低賃金」は、二一歳から二四歳向けに対象が限定されることになりました。このため最低賃金額としては「全国生活賃金」を含めて年齢別に四種類と、企業の見習い訓練参加者向けの額を加えた合計五種類が設定されています。「全国生活賃金」は、名称に反して生計費等は考慮されていません。つまり「全国生活賃金(National Living Wage)」と生計費をもとに民間の運動体がキャンペーンを展開している「生活賃金(Living Wage)」は内容が異なります。

「全国生活賃金」は二〇一九年四月に、それまでの時給七・八三ポンドから、時給八・二一ポンド（約一二五六円）に引き上げられました。
「全国最低賃金」は、二一歳から二四歳が七・七〇ポンド、一八歳から二〇歳が六・一五ポンド、一八歳未満が四・三五ポンド、見習い訓練参加者が三・九〇ポンドとなっています。

**誰がイギリスの最低賃金を決めるのか**

イギリスにおける最低賃金の改定は、政府の諮問機関である低賃金委員会（ＬＰＣ）が検討、答申して担当大臣が決定する仕組みになっています。

ＬＰＣ委員の選任は公募で、団体推薦ではなく個人の応募です。人員構成は「使用者代表」「労働者代表」「公益代表」それぞれ三名ずつ。うち学者二名（労働経済学の専門家、労使関係の専門家）と委員長一名となっています。

ＬＰＣの目標は、かつては「経済に重大な悪影響をもたらすことなく、できるだけ低賃金労働者を援助する」ということでした。

全国生活賃金が導入されてからは、「二五歳以上の労働者の最低賃金を、段階的に九ポンド（賃金中央値の六〇％）まで引き上げる」ことが政府目標となり、段階的な引き上げが行われています。

**賃上げの影響とイギリスの仕組みの優れた点**

では近年の最低賃金引き上げによって、どのような影響が出ているのでしょうか。

ＬＰＣでは最低賃金額を決めるとき、雇用の増減や労働時間の変化等の「労働者個人に対する影響」と、雇用、労働時間、利益、価格、生産性等の「企業への影響」の両方について、さまざまなエビデンスが収集・分析され、それに基づく審議が行われています。

労働者側も企業側も納得できるエビデンスを探り、現地調査や、国民の意見を募るパブリック・コンサルテーションも実施されています。

現地調査は年に六回。一回当たり六から一〇カ所を訪問調査し、低賃金労働者に対する直接のヒアリングも行われています。

また、エビデンスの制作者に対する反対尋問の機会もあり、事務局および公益委員が、労使双方の譲歩を引き出して合意を形成する努力がなされています。

このデータ重視の姿勢がイギリスの最低賃金決定における一番の特色です。LPCのホームページでは委員会の議論がすべて公開されており、膨大な報告書もすべて閲覧が可能という透明性の高さです。

イギリスにも「高い最低賃金は雇用を減らし、経済を悪化させる」と主張する経済学者は存在します。しかしこの点についてLPCでは、「労働市場や企業の動きは複雑であり、最低賃金が高くなることによって力のある企業では雇用が増えるということもある。あるしきい値を超えた場合には雇用が減るというマイナスの影響が出るが、まだそのしきい値には達していない」と見ています。

そして全国生活賃金の導入後、現時点ではマイナスの影響は出ていないと結論づけられています。

緻密なデータを積み上げて経済に対する影響を見極めていくイギリスの方法は、わが国でも非常に参考になるでしょう。

# Ⅳ　大幅引き上げを実現するために

## なぜ最低賃金を引き上げた方がいいのか

繰り返し述べてきたように、日本の地域別最低賃金額の全国加重平均は九〇〇円を超えましたが、最低額である七九〇円の県が一五県もあります。他の先進諸外国と比べても低い水準です。

政府は二〇一〇年六月の閣議決定で「二〇二〇年までに全国平均一〇〇〇円にする」という目標を明記し、その後、二〇一五年六月に閣議決定された「『日本再興戦略』改訂二〇一五」でも中小企業や小規模事業者への支援を図りつつ、最低賃金引き上げに努めるとしました。

ところが二〇一六年の閣議決定では「年率三％程度を目途として、名目ＧＤＰの成長率にも配慮しつつ引き上げていく。これにより、全国加重平均が一〇〇〇円となることを目指す」と、その表現が後退しています。年率三％程度の値上げでは、全国平均一〇〇〇円を実現することは遠い先になってしまいます。また、名目ＧＤＰの成長率が低い時には最低賃金が引き上げられない可能性もあるのです。

その後、二〇一九年七月の参議院選挙を前に、最低賃金問題が注目され始めます。選挙を控えて地方の活性化に力を入れるとする政府・自民党は、「経済財政運営と改革の基本方針」（骨太の方針）の原案で、「より早期に最低賃金の全国加重平均一〇〇〇円を目指す」と、早期の達成方針を盛り込みました。

**これでは安定した生活ができない**

ところが、経済界はこの動きに反発しています。二〇一九年五月に日本商工会議所の三村明夫会頭が「最低賃金一〇〇〇円への引き上げは中小企業にとって重大な影響をもたらす」と、反対を表明しました。

しかし、最低賃金は本来なら、一日八時間、週四〇時間以上の労働で、経済的な心配なく暮らしていけるだけの賃金を確保できるようにすることを目指さなくてはなりません。

仮に時給一〇〇〇円で試算すると、収入はどのぐらいになるでしょうか。一日八時間、週四〇時間のフルタイム労働をしても、月収約一七万三〇〇〇円、年収約二〇八万円にとどまります。

さらに二〇一九年の全国加重平均である時給九〇一円で計算した場合、月収は約一五万五八七三円。年収に換算すると一八七万〇四七六円にしかなりません。また、全国加重平均額よりも時給の高い地域は、東京都、神奈川県、大阪府、埼玉県、愛知県、千葉県、京都府のわずか七都府県に過ぎません。つまり他の四〇道県は九〇一円以下ということです。

年収二〇〇万円に届かない水準で生活を安定させるのは難しいということは、言うまでもありません。

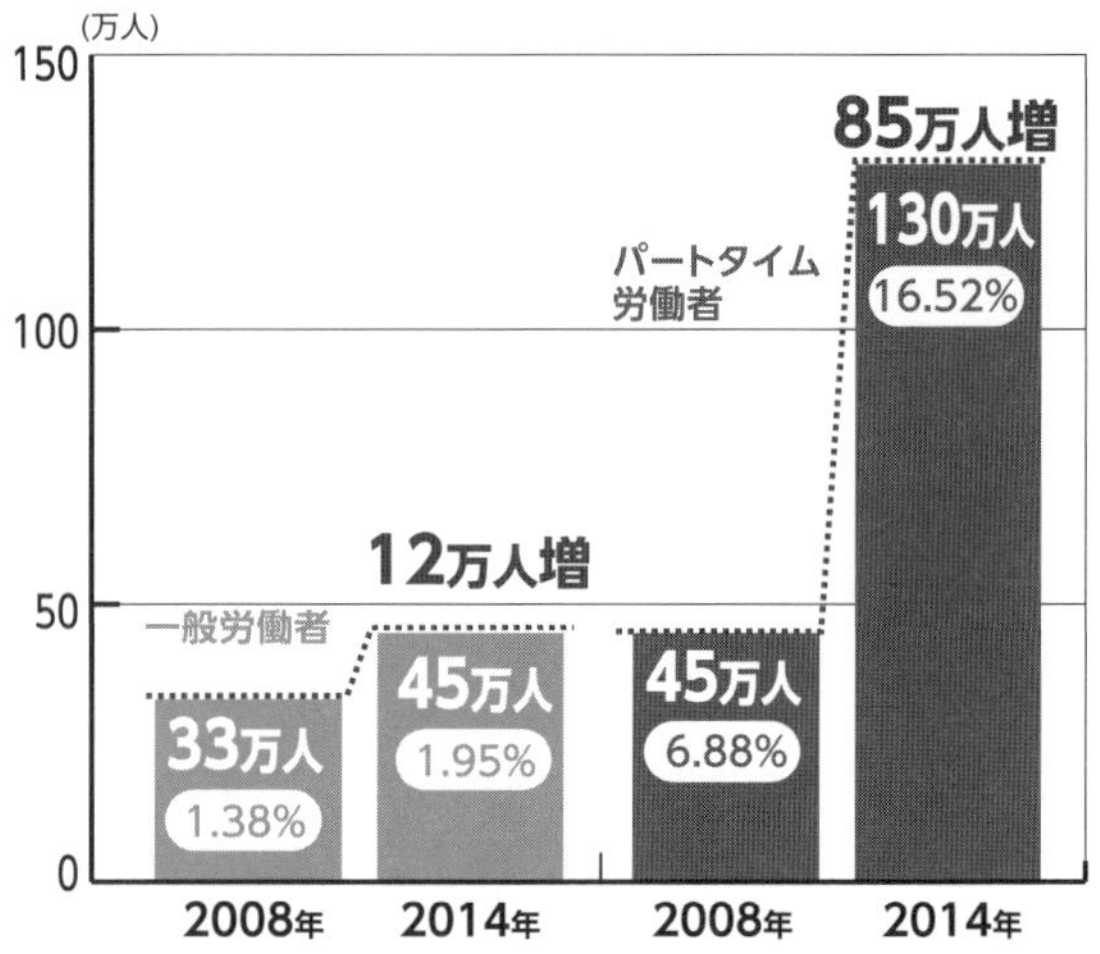


図４　最低賃金近傍で働く労働者

※地域別最低賃金×1.05 未満

出典：独立行政法人労働政策研究・研修機構 資料シリーズ No. 177　2016 年 5 月「2007 年の最低賃金法改正後の労働者の賃金の状況」(図表 1-3-1-1, 1-3-1-2, 1-3-2-1, 1-3-2-2).

## 最低賃金近傍の労働者が増えている

非正規雇用の拡大によって、低賃金労働者が増加するとともに、最低賃金近傍の労働者も増えています。また近年、最低賃金が低すぎるという世論の批判を反映し、最低賃金が政策的に引き上げられていることも、最低賃金近傍の労働者が増えた要因となっています。

最低賃金額を改正する前に、最低賃金額を下回っている労働者の割合を「未満率」といいます。最低賃金を改正した後に、改正後の最低賃金額を下回っていることになる労働者の割合を「影響率」といいます。二〇〇八年度に一・二%だった未満率が二〇一八年度には一・七%に上昇しています。そして二〇〇八年度に二・七%に過ぎなかった影響率は二〇一八年度になると一一・八%に及んでいます。

しかもこれは全国合計の数値であり、地域別に考えるとより深刻な状況が浮かび上がります。たとえば大阪府では二〇一八年度の未満率が三・二%、影響率が二〇・三%です。地域の賃金水準を決定するにあたって、地域別最低賃金の影響力が大きく上昇しているのです。

さらに問題なのは、「最低賃金近傍で働いているのはどのような人たちなのか」という正確なデータがないことです。家計補助ではなく非正規労働の賃金だけで暮らしを立てている人が明らかに増加しています。しかし、どのような人がどのような生活をしているのか、正確なデータがありません。公的に詳細な調査がされていないのです。イギリスなど諸外国のように詳細な調査をし、まずは議論の土台作りを急がなければなりません。

## 生きることを保証するために

二〇〇七年、最低賃金法が改正された時点では、「最低賃金の水準が生活保護の水準を下回る逆転現象が多くの県で起きている」と指摘されていました。一章でふれたように、その後の最低賃金引き上げによって現在は「逆転現象はすべての都道府県において解消されている」というのが厚生労働省の見解になっています。

しかし、その見解のもととなっている算定方法には、すでに触れたようにさまざまな問題点が指摘されています。

たとえば、この算定は、週四〇時間を一年中働き続けた計算による月一七三・八時間の労働を前提としています。つまり、祝日や年末年始の休暇が加味されていないのです。厚生労働省の「毎月勤労統計調査」の二〇一五年分確報によると、フルタイム労働者の所定内労働時間は平均で月に一五四・三時間でした。これで算定した場合、生活保護並みの収入を得るための最低賃金は一一二・六%高くなります。

次に、生活保護の場合に勤労収入を得るための必要経費として収入から除外される「勤労控除」が、最低賃金との比較計算においては考慮されていません。

住宅扶助についても問題があります。この比較計算では、都道府県で支出された住宅扶助の実績総額を生活保護世帯の総額で割った数字が用いられています。つまり生活保護受給者で持ち家や低家賃の公営住宅で暮らす世帯もカウントされているのです。

また、生活保護の生活扶助以外の扶助、つまり医療扶助や教育扶助は、最低賃金との比較計算においては考慮に入れられていません。

これらのことを考えると、今の最低賃金額では、最低賃金の水準が生活保護費の水準を下回る逆転現象が実質的には解消されていない可能性は否定できません。生きることを保障するために、最低限として時給一〇〇〇円のラインは一日も早く実現する必要があります。

## 実際に必要なのは時給一五〇〇円

それでは、「生きるための最低限」ではなく、憲法で保障される「健康で文化的な最低限度の生活を営む」ためには、いくらぐらいの最低賃金が適当なのでしょうか。

それを実態から検証する際に参考になる資料があります。静岡県立大学短期大学部准教授の中澤秀一氏が二〇一五年から一七年にかけて全国各地で行った最低生計費調査結果です。

この調査によると、二五歳単身者がワンルームマンション（アパート）に住んで、人並みの生活をするためには月に二二万円から二四万円が必要という結果が出ました。労働時間を月に一七三・八時間とした場合、時給に換算すると一三〇〇円から一四〇〇円が必要という計算になります。さらにワークライフバランスを考慮して働き過ぎを避けるため、労働時間を月一五〇時間として計算した場合、時給は約一五〇〇円が必要ということになります。

アメリカのファイト・フォー・フィフティーン運動の影響もあり、日本でも二〇一五年ごろから若者を中心としたデモなどで「最低賃金一五〇〇円」を求める動きが起き始めました。各労働組合もこれまでの「時給一〇〇〇円」を目指す運動から、「即時一〇〇〇円に引き上げ、その後一五〇〇円へ」という要求を掲げるようになっています。

**地域ごとの格差をなくしていく**

地域間格差が依然として大きいことも、最低賃金をめぐる問題のひとつです。

二〇一九年はもっとも高い東京都の一〇一三円と、もっとも低い一五県の七九〇円の間に、二二一円もの格差が生じています。すでに述べましたが、この格差は拡大しているのです。一九九八年の最低額は五八九円（宮崎県）で、最高額の六九二円（東京都）との差は一〇三円です。一〇年後の二〇〇八年の最低額は六二七円（宮崎県・鹿児島県・沖縄県）で、最高額七六六円（東京都・神奈川県）との差は一三九円でした。都市部と地方の格差の拡大は深刻です。

この結果に対して、「都市部に比べて地方は生活費がかからないのだから、最低賃金も低いのが当たり前」と考える人は多いでしょう。

しかし前出の中澤レポートでは、地方はガソリン代などの自動車関係の経費がかさみ、公共交通が発達した都市部と比べても最低生活費には大きな差が見られないことが報告されています。

またＮＨＫ受信料、インターネットや携帯電話など通信関係の費用、教育費などには都市部と地方の差はありません。むしろ教育費では大学進学の場合、地方出身者がアパート代などの自宅外通学費用を高額負担するケースも多くみられます。物価や生活費の状況が大きく変化した結果、生活費の地域差を主張する根拠は、非常に薄くなってきているのです。現在、各地の地域別最低賃金は、中央最低賃金審議会で全国をＡ～Ｄの四つのグループに分け、それぞれのグループの引き上げ額の「目安額」が示されています。しかし、二〇一九年度はＢ～Ｄ地域の一九もの地方最低賃金審議会が目安額を上回る答申をしました。目安額制度が機能しなくなってきています。

### 全国どこでも同じ最低賃金へ

アメリカのように独立性の高い多くの州からなる大国は別として、イギリス、ドイツ、韓国など、先進諸国では「最低賃金制度は全国一律」という国がほとんどです。

これらの国々が日本のような地域間格差を設けない理由は何でしょうか。第一に、「労働の対価に地域格差を設けることは矛盾する」という考えがあります。

もうひとつ指摘されているのが、格差を設けたときの境界近辺で起きる問題です。たとえば隣接する州や県の間で最低賃金に格差があった場合、同じ労働内容であれば賃金の高い地域の方に人が集中してしまいます。

たとえば神奈川県の最低賃金は一〇一一円、隣接する静岡県が八八五円で、一二六円の差があります。同じような仕事に就いても、県境を一歩越えただけで年収にして二六万円の差がついてしまうのです。

これは日本人の非正規労働者だけに当てはまる問題ではありません。二〇一九年、入管法の改正で外国人労働者の受け入れが拡大されました。しかし都道府県ごとに最低賃金に差がある現在の仕組みでは、外国人労働者は賃金の高い都市部に集中して、地方の人手不足解消につながらない可能性もあります。政府与党の自民党内にも、二〇一九年二月に「最低賃金一元化推進議員連盟」が発足するなど、全国一律最低賃金制度の確立など、都市部と地方の賃金格差解消を模索する動きは今後加速しそうです。

## 最低賃金の「決め方」を変える

最低賃金を正しい形で機能させるには、その「決め方」を改善しなくてはなりません。

まず急務なのは、審議会の公開と、透明性の確保です。最低賃金審議会では、会議、議事録および資料は原則的に公開とされています。ところが現在、中央および地方最低賃金審議会の多くは実質的に非公開となっており、審議の内容や経過を検証することが困難になっています。つまり、最低賃金という非正規労働者にとって重要な事項が決定される過程が密室でなされているのです。

特に金額に関する審議は労働者にとって死活問題です。それを決める審議の内容や過程を国民が検証することができないのは、国民の知る権利を侵害するだけでなく、民主主義に反するといえるでしょう。審議の公正を担保し、国民の意見を反映させるため、審議会の内容と経過を公開し、広く国民に知らせるべきでしょう。

しかし中央およびほとんどの地方審議会では、「審議会の専門委員会では法人の個人情報にあたることが話題になる場合もある」という理由で、公開には消極的なのが実情です。

## フルオープンの鳥取方式に学ぶ

いまのところ全国で唯一、審議を完全公開しているのは鳥取県だけです。元鳥取地方最低賃金審議会会長で鳥取大学名誉教授の藤田安一氏は、今回の日弁連の調査に答えて、このように語っています。

「九〇年代にワーキングプアが社会問題となったころから、生活保護との比較などもあって最低賃金に対する世論も盛り上がりました。私が会長になる前の時代は一円上げるのも大事だった値上げ幅も、ようやく十数円となった。しかし依然として運営方法の改善はなされませんでした。私が会長になったとき、審議のフルオープン化を提案しました。これに対して他の委員らからの抵抗を覚悟していましたが、何も反対はなく、拍子抜けしたほどでした」

それまでは鳥取県でも、審議会ではなく個別に水面下での折衝が慣例化していました。しかし完全公開にしてからは、形式的だった審議会が「真剣勝負」の場となり、議論も活発になりました。一部で懸念されていたような公開による弊害や深刻な混乱も生じていません。

「鳥取方式」は審議を活性化して決定プロセスを民主化するものとして、労使双方から評価されています。

**審議会のメンバーを考える**

もうひとつ重要なのが、審議会委員の選定です。たとえば韓国では、最低賃金審議会の労働者代表委員として、若者組織の代表者や、非正規労働者組織の代表が委員に選任されています。

ところが日本ではどうでしょうか。

最低賃金の影響を強く受けるのは、パート雇用、有期雇用、派遣雇用などの非正規労働者です。そうした雇用形態で多くを占めるのは、若者や女性です。また使用者側では、中小零細企業が最低賃金の影響を多く受けます。

ところが現在の審議会委員には、こうした人たちの代表といえる人がいません。いわば「当事者」が不在なのです。こうした審議会委員の選任の在り方も見直すべきでしょう。

**経済には本当に悪影響があるのか**

では、実際に最低賃金の大幅引き上げが行われた場合、どんなことが起きるのでしょうか。わが国ではいまだに「最低賃金の大幅引き上げは企業の経営を圧迫し、経済が悪化する」という反対論が繰り返されています。

しかしアメリカでは最低賃金の引き上げが地域経済に好影響をもたらしていることの研究論文が数多く発表されています。中小零細企業に対する支援対策をしっかりと取りながら最低賃金の大幅引き上げを図ることが、広がっている貧困と格差の是正のために重要な政策だと位置づけられているのです。

たとえばカリフォルニア大学バークレー校の研究者の試算によると、最低賃金が一〇ドルから一五ドルに上昇することで、州内労働者五六〇万人の年収が平均で二四％増加すると言います。また、同校のマイケル・ライク教授は、同州中部で人口一九二万人のサンタクララ郡で最低賃金を二〇一九年までに一五ドルに引き上げた場合、労働者二五万人の平均年収は一九・四％増加すると試算しています。その場合、郡内の使用者が支払う賃金総額の増加は、一・二％に過ぎず、商品価格の上昇はわずか〇・二％、雇用減は一四五〇人に留まるとしています。

アメリカではこうした統計的、科学的研究がしっかり行われています。これらの研究成果を踏まえて、労働省もホームページの上で「最低賃金の上昇は地域経済にプラスである」ということを宣伝しました。

### 中小企業へのサポート

アメリカ各州や韓国では、一定の規模以下の企業に対して社会保険料等の減免が行われています。わが国でも中小零細企業に対して、健康保険料、労働保険料、厚生年金保険料等の事業者負担部分を減免する制度を導入するべきです。

また、日本政府はキャッシュレス社会を推進しようとしています。しかし急激なキャッシュレス化によってカード会社に徴収される多額の手数料は、中小零細企業の経営を圧迫することが懸念されています。そこで、カード処理関連の機械導入費の援助とともに、カード手数料の一部負担や高額な手数料に対する規制も検討するべきでしょう。

さらに最低賃金の大幅引き上げを行うにあたって、一時的に中小零細企業に対する援助金を政府が支出する制度についても、そのプラスマイナスをきちんと検討してみる必要があります。まずは下請法や独占禁止法の強化などを通じ、わが国の中小零細企業がしっかりと経営していけるように環境整備していくことが求められています。

### 働く時間も短くできる

「労働時間は短い方がいい」「できれば残業はしたくない」。おそらく、多くの労働者がそう考えていることでしょう。

しかし今の日本、とりわけ若者の雇用分野では、それに逆行するような形が「常識」となっています。就職情報雑誌の募集案内には、残業を当然のこととして、残業代込みの賃金額で社員募集されている事例が多数あります。いわゆる「固定残業代」と呼ばれるものです。

その中には、最低賃金すれすれの基本給のほかに固定残業代として月八〇時間分の残業代が最初から組み込まれた賃金を、あたかも「基本給」であるかのように掲げて募集している事例もあります。たとえば二四時間を二交代制で作業するもので、最初から一日一二時間の勤務、すなわち一日四時間の残業が最初からシフトとして組まれているのです。一日八時間、週四〇時間の労働では生活が維持できない、はじめから残業することが前提でかろうじて生活が成り立つという状態です。

憲法が保障する「健康で文化的な最低限度の生活」は、一日八時間、週四〇時間の労働を前提として考えられなければなりません。労働時間短縮の実現は、最低賃金の引き上げとセットで考えるべきものなのです。

## 賃金と社会保障の関係

日本では教育、医療、介護その他の福祉に関する費用のほとんどを、基本的に自己責任でまかなうこととされています。そのために家族を支える正社員の賃金には、家族生活を支えることができる「生活保障賃金」が必要であり、労働運動もその実現に奔走してきました。

ところが非正規社員の賃金には、こうした「生活保障賃金」の要素が含まれていません。今や日本では非正規労働者の割合が全労働者の約四割となりました。そんな中で家族の中に正社員がひとりもいない世帯では、人間らしい生活をするのにふさわしい賃金が得られなくなっているのです。

スウェーデンやデンマークなどの北欧諸国はもとより、ドイツなどのヨーロッパ大陸の多くの国では、大学の授業料は無償です。医療費が無償である国もたくさんあります。住宅費も安く、老後や障害の年金も充実し、社会保障が高水準で維持されているのです。その財源は税や社会保険といった社会全体の負担です。賃金の果たす役割に大きな違いがあるのです。

一方、日本はアメリカと同様に、こうした制度を受ける費用を基本的には各人の財源でまかなうこととされています。

## 豊かな社会生活を享受するために

この仕組みを変えなければなりません。

教育費、医療費、住宅費などの負担が軽減され、社会保障制度が充実すれば、少しばかり賃金が減少しても生活は維持できるでしょう。逆に豊かになることも十分にあり得ます。私たちが生活するために必要な財源のどの部分を賃金でまかなわなければならないかによって、賃金が十分であるかどうかが決まる。つまり賃金と社会保障は裏表の関係にあるのです。

ところが、日本では社会保障制度の大幅な削減が強行されています。しかもそれは年々、悪化の一途をたどっているのです。たとえば国立大学の授業料はこの四十数年のうちに一五倍に跳ね上がりました。奨学金制度は悪名高い有利子の「学生ローン」制度に変質しています。医療では国民皆保険の制度は維持しているものの、個人負担割合はどんどん引き上げられてきました。年金は支給開始年齢の引き上げとともに、受給額の抑制が行われています。このように次々と社会保障制度が後退しているのです。

賃金と社会保障はセットで考えなければなりません。豊かな社会生活を生きるためには、その前提としての社会保障の公的負担と充実が欠かせないのです。それなしには、格差是正政策の実現もありえません。

## 声を上げることで、必ず変わる

すでに紹介したとおり、アメリカのファストフード産業には多くの低賃金労働者が働いていますが、大半の人は労働組合に入っていませんでした。しかしニューヨークでは彼らが立ち上がり、時給一五ドルと組合結成権というふたつの要求を掲げて、一日ストライキに取り組みました。このファイト・フォー・フィフティーン運動が他の都市にも、広がっていったのです。そして国際サービス従業員労働組合(SEIU)を中心とした労働組合、地域の団体、NPO、「公正な経済実現のための運動」のような連携組織が、多くの都市でできあがっていきました。

韓国で起こった近年の最低賃金大幅引き上げの運動を先導しているのは「最低賃金連帯」です。この運動体は二〇〇二年に三一団体で結成されました。その中の労働団体は、全国民主労働組合総連盟、韓国労働組合総連盟、全国失業団体連帯、全国女性労働組合、韓国女性労働者会、青年ユニオン、アルバイト労働組合です。

社会運動団体としては、民主社会のための弁護士の会、民主化のための全国教授協議会、民衆の夢、ソウル市社会福祉協会、ソウルYMCA、外国人移住運動協議会、全国女性連帯、韓国青年連帯、二一世紀韓国大学生連合、経済正義実践市民連合、労働健康連帯、労働人権会館、カトリック労働牧師全国協議会などがあります。シンクタンクとしては、韓国非正規労働センター、韓国貧困問題研究所、韓国労働社会研究所があります。そして政党としては民主党、正義党、民衆連合党、労働党が参加しています。

これだけ広範囲の労働団体、市民団体、研究機関、そして多数の政党が一緒になって運動を進めてきたのです。

わが国でも、ようやく最低賃金に新たな注目が集まりはじめています。いま求められているのは、アメリカや韓国のように様々な人々や運動体が最低賃金の大幅引き上げを目指し、共に手をつないで声を上げることだと考えます。

## 参考文献

『派遣村——何が問われているのか』宇都宮健児、湯浅誠編（岩波書店）
『日本型ワーキングプアの本質——多様性を包み込み活かす社会へ』大沢真知子（岩波書店）
『働くための社会制度』橘木俊詔・高畑雄嗣（東京大学出版会）
『若年者の雇用問題を考える——就職支援・政策対応はどうあるべきか』樋口美雄、財務省財務総合政策研究所（日本経済評論社）
『「非正規大国」日本の雇用と労働』伍賀一道（新日本出版社）
『正規の世界・非正規の世界——現代日本労働経済学の基本問題』神林龍（慶應義塾大学出版会）
労働法律旬報一八三九号、一八四一号「アメリカの労働時間法制の現状と最低賃金引上げをめぐる動き（1）（2）——日弁連（貧困問題対策本部）アメリカ調査に関する報告」（日本弁護士連合会貧困問題対策本部）
労働法律旬報一八四九号「アメリカの労働時間法制・最低賃金調査を振り返って——日弁連アメリカ調査訪問追記」（中村和雄、小川英郎、高須裕彦、布施恵輔）
労働法律旬報一八九八号「シンポジウム　最低賃金引上げには何が必要か——法制度と運用面の課題を探る」（加藤裕、猪股正、藤田安一、神吉知郁子、栗原耕平、小川英郎、滝沢香）
労働法律旬報一九二一号「日弁連の最賃問題への取組み」（中村和雄）、「訪問録／イギリス低賃金委員会（Low Pay Commission）」（猪股正）
労働法律旬報一九三二号「日弁連貧困問題対策本部による韓国最賃問題調査の概要」（中村和雄）、「韓国最低賃金調査訪問録」（日弁連貧困問題対策本部）

日本弁護士連合会「最低賃金制度の運用に関する意見書」(二〇一一年六月一六日)
日本弁護士連合会会長菊地裕太郎「最低賃金の大幅な引き上げを求める会長声明」(二〇一九年四月二五日)

日本弁護士連合会貧困問題対策本部
2008 年 12 月，派遣切り等の雇用不安が広がる社会情勢を踏まえ，貧困と人権に関する委員会を日弁連内に設置．さらに体制を強化して集中的な取り組みを進めるため，同委員会を改組する形で 2010 年 4 月に設置された．

【執筆分担】
1 章　松田弘子(山口県弁護士会)　小川英郎(第二東京弁護士会)
2 章　猪股正(埼玉弁護士会)　渡辺達生(札幌弁護士会)
3 章　アメリカ：房安強(鳥取県弁護士会)
　　　韓国：塩見卓也(京都弁護士会)，堀金博(徳島弁護士会)
　　　イギリス：猪股正(埼玉弁護士会)
4 章　中村和雄(京都弁護士会)　兒玉修一(奈良弁護士会)

編集責任者　小川英郎(第二東京弁護士会)，舟木浩(京都弁護士会)，
　　　　　　兒玉修一(奈良弁護士会)

執筆協力：古川美穂(ジャーナリスト)

最低賃金
──生活保障の基盤　　　岩波ブックレット 1012

2019 年 11 月 6 日　第 1 刷発行

編　者　日本弁護士連合会貧困問題対策本部
発行者　岡 本　厚
発行所　株式会社 岩波書店
〒101-8002 東京都千代田区一ツ橋 2-5-5
電話案内 03-5210-4000　営業部 03-5210-4111
https://www.iwanami.co.jp/booklet/

印刷・製本　法令印刷　　装丁　副田高行　　表紙イラスト　藤原ヒロコ


ISBN 978-4-00-271012-9　　Printed in Japan

# 読者の皆さまへ

岩波ブックレットは，タイトル文字や本の背の色で，ジャンルをわけています．

赤系＝子ども，教育など
青系＝医療，福祉，法律など
緑系＝戦争と平和，環境など
紫系＝生き方，エッセイなど
茶系＝政治，経済，歴史など

これからも岩波ブックレットは，時代のトピックを迅速に取り上げ，くわしく，わかりやすく，発信していきます．

**◆岩波ブックレットのホームページ◆**

岩波書店のホームページでは，岩波書店の在庫書目すべてが「書名」「著者名」などから検索できます．また，岩波ブックレットのホームページには，岩波ブックレットの既刊書目全点一覧のほか，編集部からの「お知らせ」や，旬の書目を紹介する「今の一冊」，「今月の新刊」「来月の新刊予定」など，盛りだくさんの情報を掲載しております．ぜひご覧ください．

▶岩波書店ホームページ　https://www.iwanami.co.jp/ ◀
▶岩波ブックレットホームページ　https://www.iwanami.co.jp/booklet ◀

**◆岩波ブックレットのご注文について◆**

岩波書店の刊行物は注文制です．お求めの岩波ブックレットが小売書店の店頭にない場合は，書店窓口にてご注文ください．なお岩波書店に直接ご注文くださる場合は，岩波書店ホームページの「オンラインショップ」（小売書店でのお受け取りとご自宅宛発送がお選びいただけます），または岩波書店〈ブックオーダー係〉をご利用ください．「オンラインショップ」，〈ブックオーダー係〉のいずれも，弊社から発送する場合の送料は，1回のご注文につき一律650円をいただきます．さらに「代金引換」を希望される場合は，手数料200円が加わります．

▶岩波書店〈ブックオーダー〉　☎ 049(287)5721　FAX 049(287)5742 ◀

1010

## 新版 外国人労働者受け入れを問う

二〇一八年末の改定入管法による外国人労働者受け入れ拡大は、彼らの人権を無視する形で進められている。いま日本で暮らす、そしてこれからやって来る外国人と共に生きる新たな多文化社会は可能か。改定法を踏まえて見直した新版。

宮島喬、鈴木江理子

1009

## 過労死110番 ―働かせ方を問い続けて30年

今や英語の辞書にも載る言葉となった「KAROSHI」。だが、依然として過労死・過労自殺は減る兆しが見えない。長年、遺族に寄り添い、声なき声に耳を傾け続けてきた無料電話相談による救済の歩みをたどり、これからの課題を見据える。

森岡孝二、大阪過労死問題連絡会 編

1008

## 介護職がいなくなる ―ケアの現場で何が起きているのか

超高齢社会が進む中で介護人材を増やしていかなければ、介護の質の低下を招く。利用者からのセクハラ・パワハラ、管理職の指導力・養成力の欠如、外国人介護士の受け入れなど、課題を明らかにし、解決策を提示する。

結城康博

1007

## 日本人の歴史認識と東京裁判

未だ声高に叫ばれる「東京裁判史観(＝自虐史観)克服論」。しかしたかだか数年の占領で歴史認識が全面的に改造されるほど、日本人は主体性のない国民なのか。不毛な議論に終止符を打つため、大きな歴史の流れの中に東京裁判を位置づけ直す。

吉田 裕

1006

## 安楽死・尊厳死を語る前に知っておきたいこと

安楽死・尊厳死をめぐる議論はなぜ混乱するのか？ 知っておくべき歴史や背景、言葉のからくりを指摘し、その議論が陥りやすい落とし穴を明らかにする。「よい死」を語る前に「よい生」を、人間らしい尊厳ある生を追求する道筋を考える。

安藤泰至

1005

## 年表 昭和・平成史 新版 ―1926-2019

「昭和」「平成」合わせて九四年間の政治・経済・社会の主要な出来事を、一年一頁にまとめたコンパクトな年表。内閣一覧や世相を映す写真も収載し、時代の動きが一目で分かる。ブックレットのベストセラー年表の最新版。

中村政則、森武麿 編